PENSAMENTOS
PARA REFLETIR

ALEXANDRE ALVES BRITTES

Embora ninguém possa voltar atrás e
fazer um novo começo,
qualquer um pode começar agora e fazer um
novo fim.

(Francisco Xavier)

A todos que de forma direta e
indireta,
tem contribuído para que possa o
mais perto possível
aproximar-me dos compromissos
assumidos, em especial à minha
esposa DECA.

APRESENTAÇÃO

Estas frases são frutos de observações e reflexões no dia a dia. Após algum tempo, comecei a anota-las para que não se perdessem na memória. Algumas eu as vivenciei; outras são percepções de como as pessoas agem.

Quando passeia a compartilhá-las com os amigos e percebi que se interessavam por elas, surgiu a ideia de reuni-las num livro. Chegou o momento de concretizar esta ideia.

As frases não estão organizadas por tema ou qualquer outra sequência lógica. Foram registradas e compiladas para este livro conforme surgiram, enfim, que possam despertar nos leitores o simples prazer da leitura e, quem sabe...reflexão.

Se os homens

tivessem o hábito de

olhar para frente

encontrariam infinitas

esperanças no

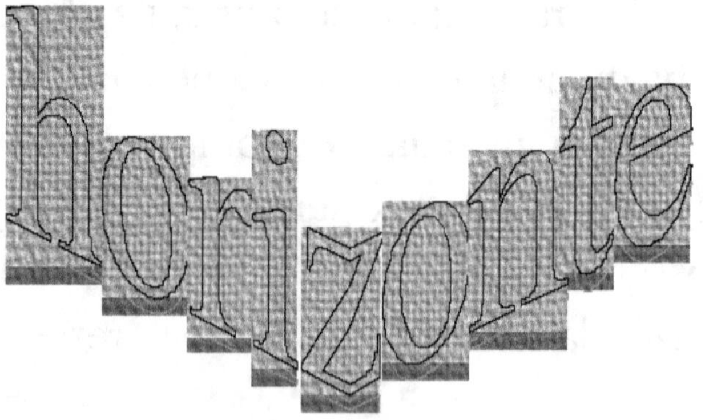

A PRESENÇA de

um IDEAL na vida

das pessoas, faz com

que suas vidas

tenham um

PROPOSITO.

CONHECIMENTO

que *NÃO*

resulte em <u>AÇÃO</u>

é

DIPLOMA

PENDURADO.

Que cada dia de
nossas vidas seja uma

luta sem tréguas por
uma sociedade

**MAIS   MAIS
MAIS   MAIS**

fraterna.

Tudo que

consideramos utopia

não se torna realidade

porque cremos

fielmente que

seja impossível

realiza-la.

Devemos
nos espelhar
na transparência das crianças.

As resoluções nas quais não concordamos, chamamos de

a quem as tem.

Para se promover
justiça social é
primordial raciocinar
com o Coração.

<u>Argumentos e Insistência</u> são fundamentais para convencer as pessoas que estamos certos.

Quando uma

qualidade é usada

para exibicionismo,

torna-se um

defeito.

Tudo na vida possui

o seu lado

POSITIVO e

negativo.

Nossa felicidade

depende do ~~lado~~ que

a optamos VER.

Certas pessoas

é que dão

um

sentido

em

nossas

VIDAS.

O impossível e difícil. O difícil não é impossível.

Certas palavras

semeiam espinhos

ao serem ditas.

Ao planejar o futuro, sem viver o presente, corre-se o risco de parar no tempo.

A idade nos permite

olhar para trás
e enxergar as tolices
cometidas ao longo do tempo.

E assim,
fazer um novo

COMEÇO.

O *Silêncio* É O MAIS AGRADÁVEL
DOS BARULHOS.

As pessoas, quando apontam o dedo, estão se vendo no espelho.

Quanto maior a humanização do próximo **DEUS**, mais se está de sua compreensão.

O **sorriso** é uma das mais *bela* manifestação de felicidade.

O

desconhecido

para

nós

não

existe.

O hábito de reclamar

constantemente faz

pousar uma nuvem

negra de

pessimismo sobre

nós.

A doença tanto pode

fragilizar como

agigantar

o ser humano.

Nas contendas,

a *última* se tornaria réu,

caso olhasse o passado.

Levar a vida
muito a sério faz
o tempo passar
mais rápido.

Sonha-se com a felicidade.

Entretanto, muitas vezes ela está ao nosso lado e não a reconhecemos.

Cada amigo satisfaz

uma necessidade D

iferente

em nós.

Não existe amigo

mais importante.

Cada amigo fala de

uma forma

Diferente

ao nosso coração.

Os amigos

Supervalorizam

as qualidades e amenizam os defeitos.

A vida é como um

Relógio

ELA pode estar:
-Acontecendo (Trabalhando)
OU Parada (parado).
- Vivendo o **P**resente (no
horário), o **P**assado (atrasado)
ou o **F**uturo (adiantado).

PARA ALGUNS...

Em determinado momento da vida, tem que se inventar.
Em determinadosss momentosss da vida, tem que se inventar.
Em determinado momento das vidasss, tem que se inventar.
Em determinadoss momentosss das vidasss, tem que se inventar.

Quer escutar seu anjo
da guarda? Eleve
sua vibração para
entrar em sintonia.

O Amor gera uma tolerância em relação aos defeitos, uma vez que compreende que a escuridão nada mais é do que a ausência de luz.

A opção para a caridade transcende a todas as instituições religiosas. Deve ser a opção do ser humano.

Quando existe empatia entre as pessoas, há um Olhar diferente em relação aos defeitos.

Os incompetentes podem **mascarar** sua competência, porém somente entram para a história os bons profissionais

As pessoas possuem medo de criticar e serem criticadas, no entanto, a crítica é um poderoso instrumento para nos lembrarmos que não somos deuses.

O Homem se considera um ser racional, mas é a única espécie que atenta contra a sua própria sobrevivência.

A morte é o **renascer**

para a vida eterna.

Trabalho e família são nossa

escola na

O conhecimento é o c
                        a
                      m
                    i
                  n
                h
              n
            o

        para o libertar o

Homem do estágio de

ignorância .

O conhecimento

vivenciado conduz a

evolução

espiritual.

Preconceito

Ignorância =

Atraso espiritual.

A tristeza
alheia deveria
tocar nossos

Quer conhecer seu [passado], reflita sobre suas tendências no [presente].

Certas atitudes

incompreensíveis e

insanas aos nossos

olhos,

são SABIAS e

CORAJOSAS decisões

de acelerar a nosso

evolução.

Existem as dores
Físicas e morais.
A primeira, se
extingue com o
desencarne (morte).
A segunda,
pode perdurar
por séculos.

Alguns AMIGOS podem

ser comparados com os

VINHOS.

Quanto mais o tempo

passa,

mais os apreciamos.

Nosso primeiro julgamento sobre as pessoas nem sempre é nosso melhor conselheiro. Se tiver uma impressão negativa, não feche as portas. Deixe uma fresta aberta.

Pais que através de seus exemplos conseguem despertar em seus filhos uma responsabilidade social, cumprem com sua missão para com a sociedade.

TENTamos MOLDar as PESSoas a NOSSA semelhança.

O fracasso, para muitos, representa o

sofrimento.

o AMOR é

como um
            a
              t
            e
          m
        o
      c   em nossa vida.

Temos que estar atento para encontra-lo.

Caso contrário, somente no seu próximo ciclo, se tivermos no lugar certo, na hora certa

Minimizamos nossos equívocos como uma auto defesa de nossa consciência.

O tempo passa ....

....

....

mas as atitudes humanas praticamente permanecem as mesmas.

Ao esperar o pior,
sofremos por
antecedência por
algo que nem pode
vir a acontecer.

Numa contenda,

não existe ninguém

que esteja 100%

certo.

Talvez 99%.

Diante de um ato

que desaprove,

aguarde um minuto

antes de julgá-lo.

Este pode ser

o tempo

para mudar de ideia.

Nos momentos de **cólera** 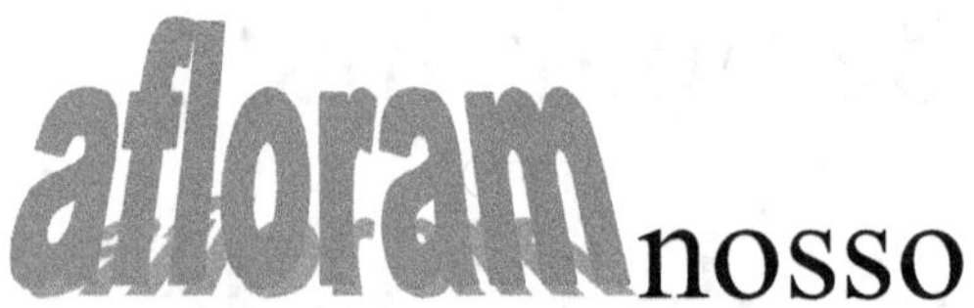nosso

sentimentos negativos

adormecidos.

A **brutalidade** de parte da humanidade não pode servir de parâmetros para nossas ações.

A **humanidade** encontra-se adoecida. Diagnóstico: Falta de Amor.

O sentimento de pessimismo deve ser em nossas vidas como uma chuva de  passageira e inofensiva.

Reclamar, sem tomar
atitude, não resolve e

agiganta o

problema.

Certas atitudes,

se tentarmos compreende-las através da razão,

tornam-se

incompreensíveis.

Qualquer covarde

cercado de meia

dúzia de

incentivadores

apodera-se.

Desconsidere 50% das coisas ouvidas numa discussão. Os outros 50% reflita sobre elas.

A mansuetude é o antidopo para os espinhos semeados por certas palavras.

Não tenha hora marcada para o elogio.

Tenha coragem para

derrubar o MURO que

separa velhas convicções

seculares e as novas ideias

que surgem no

horizonte

a cada alvorada.

Por maior que seja a

solidariedade, o

calvário é

individual.

Se

a escolha

foi acertada

e sua dimensão,

só se sabe após o

resultado.

A caridade a todo instante bate a nossa porta. Muitos somente a reconhece quando se apresenta sobre os **olhares** de uma plateia.

A todo instante nos deparamos com a oportunidade da prática da caridade. Esteja preparado, pois ela independe de
- tempo,
- dinheiro
ou disposição.

A caridade é um ato
de,

mão dupla

tanto
quem a pratica,
como
quem a recebe,
é beneficiado.

Desejos ilusórios:
Poder,
Riqueza,
Beleza.

Desejos reais:

Sabedoria,
Compaixão,
Humildade.

Num casamento temos

o reencontro de almas
gemias
gemias

ou **algozes**.

Por traz da crítica sistemática, se esconde um sentimento de <u>inveja</u>, <u>preconceito,</u> <u>intolerância</u> ou <u>presunção</u>.

Certas limitações de ordem física são *freios* <u>impostos</u> em nossa <u>jornada</u> terrena.

Temos três comportamentos distintos que se destacam em relação ao tempo na atual sociedade:

1° - os que vivem no futuro e o presente é uma realidade distante;
2° - os que vivem atados ao passado;
3° - os que só consideram o presente, o passado inexiste e o futuro não enxerga.

Viver em **equilíbrio**
com o tempo
é se aconselhar com o
passado; vivenciar o
presente e acreditar no
futuro.

Sonhar com o futuro

sem vivenciar o

presente é viver num

mundo **Virtual.**

A realidade de hoje foi o
sonho no passado que
permaneceu vivo.

Uma discussão se alimenta da adição de impropérios.

Não existe dor espiritual que não passe. Nossa **reforma moral** é que determina o tempo de sua duração.

A chuva e a esperança possuem a **força** de renovar a vida.

Diante das mudanças em NOSSAS VIDAS, não devemos nos apegar as perdas, e sim vislumbrar os ganhos.

Nem tudo o que se *sabe*,
Nem tudo o que se *pensa*,
Nem tudo o que se *ouve*,
Pode-se repetir.
Senão, corre-se o risco, de
ser interpretado como:
- *esnobe*;
- *mal educado*;
- *maledicente*.

A amizade *não* *concede* imunidade *aos* *nossos* atos.

A Luz, assim
como entra,

do Pântano:
Límpida.

Ter consciência do
erro e persistir no
erro me incomoda.

As trajetórias de vida
daqueles que nos
cercam
são muito mais parecidas
com a nossa do que
podemos imaginar.

As guerras, sem exceção, são atestados da baixa evolução espiritual dos povos beligerantes.

Poder

e

sensatez

são

misturas

pouco

presente

ao longo do tempo

        entre

        os

líderes mundiais.

Considerar uma
discordância como
teimosia, muitas vezes, é
uma forma tirana de
impor sua o
p
i
n
i
ã
o.

Brigar com a idade
pode proporcionar
traumatismo físicos e
psicológicos.

O mau político só sobrevive em sociedades na qual o acesso a educação é restrito.

A ideia fixa em algo faz com que a fantasia seja vivida como realidade.

O pensamento
fixo em algo
obscurece a
percepção

em nosso entorno.

O poder, quando sobe a cabeça, faz o Homem achar que foi ungido por DEUS.

Quando se excede no
poder, nossas atitudes
c a m i n h a m
para a insensatez.

Fecham-se
as portas
para
a transformação
quando
se
acredita
que
existam
pessoas
insubstituíveis.

Nada lhe
fará falta
se você
aprender a
viver com
o necessário.

O Homem
transforma-se quando

rompe com a **B**
A
R
R
E
I
R
a
da ilusão.

Ao erro deve ser dado o

seu real valor: sinalizar

para a necessidade de

reflexão.

Muitas vezes é preciso

vivenciar a mesma

situação

para assimilar a lição.

Às vezes a **intenção** e a **ação** não caminham juntas. A **ação** fica para trás.

A Meritocracia real

faz mais sentido

sob o olhar do

presente.

Existe uma tendência de padronização dos espaços.

As Diferenças entre os lugares cada vez mais ficam distantes,

perdidas no passado.

Sejamos **sementes**.
Sementes do amor a
espalhar por onde
p a s s a r
fluídos de carinho e luz.

Nossa saúde está

associada aos hábitos

e atitudes do

presente e passado.

Devemos apostar no ser humano pela

simples razão

de ser criação de

D^{EUS.}

Os críticos são nossos

Toda vez que o desânimo
bater a sua porta,
Procure despacha-lo o

mais   .

O desânimo **NÃO**

é um bom hóspede.

Hospede em sua

tela **MENTAL**

pensamentos

Construtivos.

O pesar em relação a algo que poderia ter sido feito, decorre da consciência de nossas imperfeições.

Os conflitos entre os

homens são resultantes

de suas imperfeições.

NÃO é certo justificar nossos erros pela condição de sermos **SERES HUMANOS**, pois os ANJOS um dia também foram.

Muitas vezes, nos
momentos mais difíceis,
daqueles que se menos
espera emanam
sentimentos profundos
de solidariedade.

As pessoas se *aproximam*
ou se *afastam*
a partir de alianças formais

ou informais, estabelecidas

em decorrência de laços de

amizades, ideias ou

interesses.

Tratar o Corpo

sem tratar o espírito,

é como tratar sintoma

sem tratar a causa.

Problemas existem em
todos os **lugares.**

Eles só se resolvem,

quando resolvemos

resolve-los.

É difícil aceitar

Que a nossa verdade

NÃO é a verdade

Mais próxima do real

Dê ao *tempo*

o seu próprio *tempo*.

O risco de ser enganado

aumenta,

Quando acredita-se
ser o que NÃO é.

Organize o *tempo*,
Que ele se *ampliará.*

Discipline o *tempo*,
Que ele lhe servirá.

O sofrimento é da
dimensão da
frequência que
estabelecemos com ele.

Ao conhecer a **si** mesmo, conhecemos as pessoas que estão ao nosso **redor.**

Diante de situações que

~~dividam~~

somem,
e as que **somem**,

faça a escolha pela

segunda,

o resultado sempre será

MAIOR.

A PERSONIFICAÇÃO
de governos,
faz com que se caia uma
cortina sobre os

OlhOs.

A

PERSEVERANÇA tem

que ter o BOM SENSO

como conselheiro.

o TEMPO é:

Percebido

Manifestado

Vivenciado

de formas DIFERENTS

em fases de nossas
vidas.

O

estudo

é

~~FERRAMENTA~~

indispensável

para

se

interpretar

a

VERDADE.

Quando se tem a
convicção de que se
fez o que é
correto a

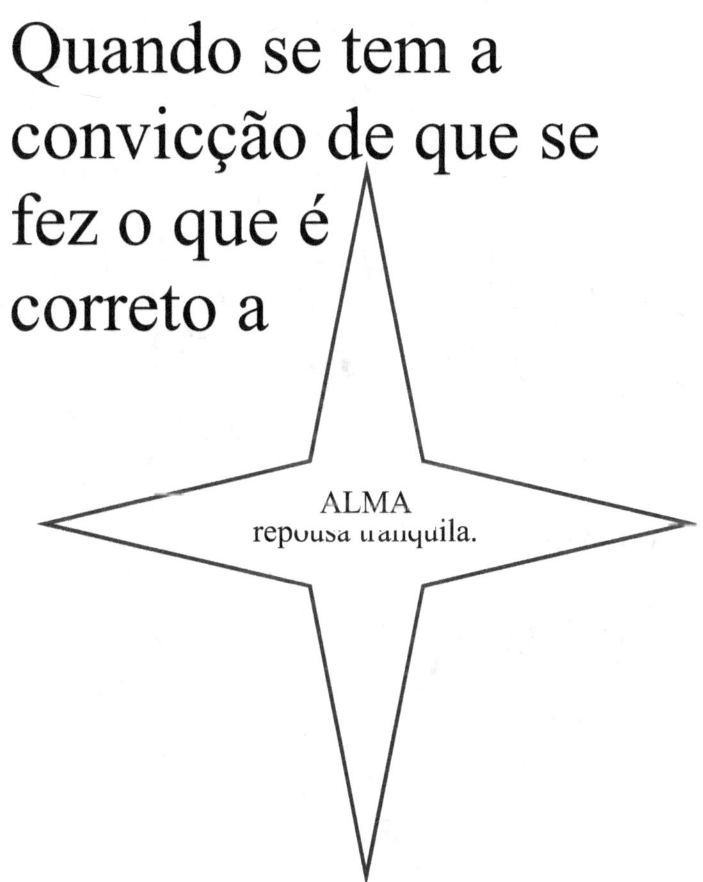

Conhecimento sem
Compartilhamento
É
Egoísmo
Espiritual.

Justificar o injustificável é estratégia para desconstruir o ERRO.

 **ALEXANDRE ALVES BRITTES** é carioca de nascimento e mineiro de coração. Licenciado e bacharel em Geografia pela UFJF, com especialização em Geografia e Planejamento Ambiental pela PUC – Belo Horizonte. É professor da rede pública municipal de Juiz de Fora. Publicou os livros Escolas de Juiz Fora (pelo FAPEB), e Simão Pereira, em parceria com Rita Cássia Nader Farah.

www.ingramcontent.com/pod-product-compliance
Lightning Source LLC
Chambersburg PA
CBHW070841250726
48662CB00003B/1313